T0071119

GABRIEL JACKSON

TO THE FIELD OF STARS

SATB, violoncello, 2 percussion

SCORE

MUSIC DEPARTMENT
OXFORD
UNIVERSITY PRESS

To the Field of Stars was jointly commissioned by Melbourne Symphony Orchestra Chorus, Nederlands Kamerkoor, and St Jacob's Chamber Choir, Stockholm, to commemorate the 400th anniversary of the death of Tomas Luis de Victoria and the pilgrimages to Santiago de Compostela.

The first performance was given by Melbourne Symphony Orchestra Chorus, with Sharon Draper (cello), directed by Jonathan Grieves-Smith, on 19 November 2011 at Sacred Heart Cathedral, Bendigo, Australia.

CONTENTS

Intrada
Refrain
1. Prayer for the Travelling
Refrain
2. Pilgrims' Song with History Lesson
Refrain
3. Walking with God
Refrain
4. Miracles
Refrain
5. Our Journey had Advanced
Refrain
6. Campus Stellae (The Field of Stars)
7. Compostela (O Quam Gloriosum)

INSTRUMENTATION

Percussion 1: 7 Handbells
Crotales

Percussion 2: Tubular bell
Glockenspiel

Violoncello

Note:

Percussion 1 should be to the left and percussion 2 to the right of the choir, with the violoncello in front in the centre. The cello may be discreetly amplified if it is necessary to do so to achieve an ideal balance.

Duration: *c.* 34 minutes

TEXTS

INTRADA

Primus ex apostolis,	*First among apostles,*
Martir Ierosolimis,	*martyr in Jerusalem*
Iacobus egregio	*James is made holy*
Sacer est martirio.	*by his extraordinary martyrdom.*

REFRAIN

Dum pater familias,	*When God the Father,*
Rex universorum,	*universal King,*
Donaret provincias	*bestowed each apostle authority*
Ius apostolorum,	*over an earthly province,*
Iacobus Hispanias	*James, shining light of virtue*
Lux illustrat morum.	*was chosen to enlighten Spain.*

from the *Codex Calixtinus*

1. PRAYER FOR TRAVELLING

Life be in my speech,
Sense in what I say,
The bloom of cherries on my lips,
Till I come back again.

The love Christ Jesus gave
Be filling every heart for me,
The love Christ Jesus gave
Filling me for every one.

Traversing corries, traversing forests,
Traversing valleys long and wild.
The fair white Mary still uphold me,
The Shepherd Jesu be my shield,
The fair white Mary still uphold me,
The Shepherd Jesu be my shield.

from *Carmina Gadelica*
Translation by Alexander Carmichael (1832-1912)

REFRAIN

Iacobi Gallecia	*Galicia asks for*
Opem rogat piam,	*the merciful aid of James,*
Glebe cuius Gloria	*his Glory illuminates*
Dat insignem viam,	*the earthly road*
Ut precum frequentia	*that the crowd may sing*
Cantet melodiam.	*songs of praise.*

2. PILGRIMS' SONG WITH HISTORY LESSON

Herru Santiagu,
Got Santiagu,
E ultreia, e suseia,
Deus adiuva nos.

I have always regretted that We could not find time to make a Pilgrimage to Saint Iago de Compostella. We were informed, particularly by Mr. Lagoanere, that the Original of this Shrine and Temple of St. Iago was this. A certain Shepherd saw a bright Light there in the night. Afterwards it was revealed to an Archbishop that St. James was buried there. This laid the Foundation of a Church, and they have built an Altar on the Spot where the Shepherd saw the Light. In the time of the Moors, the People made a Vow, that if the Moors should be driven from this Country, they would give a certain portion of the Income of their Lands to Saint James. The Moors were defeated and expelled and it was reported and believed, that Saint James was in the Battle and fought with a drawn Sword at the head of the Spanish Troops, on Horseback. The People, believing that they owed the Victory to the Saint, very cheerfully fulfilled their Vows by paying the Tribute.

Upon the Supposition that this is the place of the Sepulture of Saint James, there are great numbers of Pilgrims, who visit it, every Year, from France, Spain, Italy and other parts of Europe, many of them on foot.

Saint Iago is called the Capital of Gallicia, because it is the Seat of the Archbishop and because Saint James is its Patron.

John Adams (1735-1826)

REFRAIN

Iacobo dat parium	*The whole of mankind*
Omnis mundus gratis,	*freely gives thanks to James,*
Ob cuius remedium	*soldier of piety;*
Miles pietatis	*through his help*
Cunctorum presidium	*he redeems all, answering*
Est ad vota satis.	*our prayers.*

3. WALKING WITH GOD

Oh! for a closer walk with God,
A calm and heavenly frame;
A light to shine upon the road
That leads me to the Lamb!

Where is the blessedness I knew
When first I saw the Lord?
Where is the soul-refreshing view
Of Jesus and his word?

What peaceful hours I once enjoyed!
How sweet their memory still!
But they have left an aching void,
The world can never fill.

Return, O holy Dove, return,
Sweet messenger of rest;
I hate the sins that made thee mourn,
And drove thee from my breast.

The dearest idol I have known,
Whate'er that idol be;
Help me to tear it from thy throne,
And worship only thee.

So shall my walk be close with God,
Calm and serene my frame;
So purer light shall mark the road
That leads me to the Lamb.

William Cowper (1731-1800)

REFRAIN

Iacobum miraculis	*By the miracles*
Que fiunt per illum.	*that James accomplishes*
Arctis in periculis	*in the straits of danger*

Acclamet ad illum,	*let whoever hopes*
Quisquis solvi vinculis	*to be freed from his bonds*
Sperat propter illum.	*cry out to him.*

4. MIRACLES

Why, who makes much of a miracle?
As to me I know of nothing else but miracles,
Whether I walk the streets of Manhattan,
Or dart my sight over the roofs of houses toward the sky,
Or wade with naked feet along the beach just in the edge of the water,
Or stand under trees in the woods,
Or talk by day with any one I love, or sleep in the bed at night with any one I love,
Or sit at table at dinner with the rest,
Or look at strangers opposite me riding in the car,
Or watch honey-bees busy around the hive of a summer forenoon,
Or animals feeding in the fields,
Or birds, or the wonderfulness of insects in the air,
Or the wonderfulness of the sundown, or of stars shining so quiet and bright,
Or the exquisite delicate thin curve of the new moon in spring;
These with the rest, one and all, are to me miracles,
The whole referring, yet each distinct and in its place.

Walt Whitman (1819-1892)

REFRAIN

O beate Iacobe,	*O blessed James*
Virtus nostra vere,	*truly our strength,*
Nobis hostes remove	*take our enemies from us*
Tuos ac tuere	*and protect your people*
Ac devotos adhibe	*and enable us your devotees*
Nos tibi placere.	*to please you.*

5. OUR JOUNEY HAD ADVANCED

Our journey had advanced;
Our feet were almost come
To that odd fork in Being's road,
Eternity by term.

Our pace took sudden awe,
Our feet reluctant led.
Before were cities, but between,
The forest of the dead.

Retreat was out of hope,
Behind, a sealed route,
Eternity's white flag before,
And God at every gate.

Emily Dickinson (1830-1886)

REFRAIN

Iacobo propicio	*With James's favour,*
Veniam speremus	*let us hope for forgiveness,*
Et, quas ex obsequio	*and give the due praises*
Merito debemus	*that we rightly owe*
Patri tam eximio	*to so outstanding*
Dignas laudes demus.	*a Father*
Amen.	*Amen.*

6. CAMPUS STELLAE (THE FIELD OF STARS)

Aldebaran. Gorgonea Tertia. Minelava. Torcularis Septentrionalis. Betelgeuse. Hydrobius. Nair Al Saif. Ushakaron. Canopus. Izar. Okul. Vindemiatrix. Decrux. Jabbah. Polaris Australis. Wasat. Etamin. Kitalpha. Rotanev. Yed Posterior. Fum al Samakah. Lucida Anseris. Sirius. Zavijava. Elmuthalleth. Kornephoros. Ras Algethi. Terrebellum. Al Minliar al Asad. Shurnakabtishashutu. Proxima Centauri. Zuben-al-Akribi. Deneb Algedi.
Miaplacidus.

Vulpecula. Andromeda. Ursa Minor. Boötes. Tucana. Camelopardalis. Sagitta. Delphinus. Reticulum. Eridanus. Perseus. Fornax. Octans. Grus. Norma. Horologium. Microscopium. Indus. Leo Minor. Monoceros. Indus. Lacerta.

> Iacobe servorum spes et medicina tuorum.
> Redde tuis vitam per tempora longa cupitam.
> Ut superum castris iungi mereamur in astris.
>
> *James, your servants' hope and healing, restore to your people the life long yearned-for, that we may be found worthy to reach the heavenly citadels among the stars.*

Antiphon at First Vespers, Feast of St James

Zaurak. Sheliak. La Superba. Formalhaut. Yildun. Rigil Kentauris. Kaffaljidhma. Eltrain. Wezen. Pulcherrima. Jih. Deneb Kaitos Schemali.
Vega. Okul. Izar. Cor Caroli. Unukalhai. Nashira. Head of Hydra. Birhan Isat. Talith Borealis. Menkalinen. Gienar Gunab. Alfecca Meridiana.

7. COMPOSTELA (O QUAM GLORIOSUM)

O quam gloriosum est regnum in quo cum Christo gaudent omnes sancti. Amicti stolis albis sequuntur Agnum quocumque ierit.

O how glorious is the kingdom in which all the saints rejoice with Christ.
Clad in robes of white they follow the Lamb wherever he goes.

Magnificat Antiphon at Second Vespers, Feast of All Saints

O lux et decus Hispanie, sanctissime Iacobe; qui inter apostolos primatum tenes, primus eorum martirio laureatus.
O singulare presidium, qui meruisti videre Redemptorum nostrum adhuc mortalem in deitate transformatum; exaudi preces servorum tuorum, et intercede pro nostra salute omniumque populorum.

O light and glory of Spain, most holy James, who, pre-eminent among the apostles, was the first to be crowned with the laurels of martyrdom. O singular protector, who deservedly saw our Redeemer when, after his mortal life, he was made divine, grant the prayers of your servants, and intercede for our salvation, and that of all peoples.

Magnificat Antiphon at Second Vespers, Feast of St James

Commissioned by the Melbourne Symphony Orchestra Chorus, the Netherlands Chamber Choir and St Jacob's Chamber Choir, Stockholm

To the Field of Stars

INTRADA

GABRIEL JACKSON

First performed by the Melbourne Symphony Orchestra Chorus with Sharon Draper (violoncello), directed by Jonathan Grieves-Smith, at the Sacred Heart Cathedral, Bendigo, on 19 November 2011

© Oxford University Press 2011
Gabriel Jackson has asserted his right under the Copyright, Designs and Patents Act, 1988, to be identified as Composer of this Work.
OXFORD UNIVERSITY PRESS, MUSIC DEPARTMENT, GREAT CLARENDON STREET, OXFORD OX2 6DP
Photocopying this copyright material is ILLEGAL.

5
Perc. 1
Perc. 2
ff
S.
Mar - - tir Ie - ro - - so - li - mis, Ia - co -
A.
Mar - - tir Ie - ro - - so - li - mis, Ia - co -
T.
Mar - - tir Ie - ro - - so - li - mis, Ia - co -
B.
Mar - - tir Ie - ro - - so - li - mis, Ia - co -
Vc.

9
Perc. 1
Perc. 2
ff
S.
- bus e - - gre - gi - o, Sa - cer est mar - ti -
A.
- bus e - - gre - gi - o, Sa - cer est mar - ti -
T.
- bus e - - gre - gi - o, Sa - cer est mar - ti -
B.
- bus e - - gre - gi - o, Sa - cer est mar - ti -
Vc.

13
S.
A.
T.
B.
Vc.
diminuendo
- - - - - - ri - o, mar - ti - - ri-o, mar - ti -
17
pp
- ri-o, mar - ti - ri - o, mar - ti - - - - ri - o.
21
sul tasto
p
mp
p
mp
p
27
ord.
mp
mf
mp
5

REFRAIN

Quick ♪ = c.216
Tubular bell
31
Perc. 2
S.
A.
T.
B.
Vc.
Dum pa - ter fa - mi - li - as, Rex u - ni - ver - so - rum, Do - na - ret pro-
Quick ♪ = c.216
37
-vin - ci - as Ius a - po - sto - lo - rum, Ia - co - bus Hi -

43
S.
A.
T.
B.
Vc.
mf
mp
f
- spa - - ni - as Lux_ il - lu - strat_ mo - rum.___

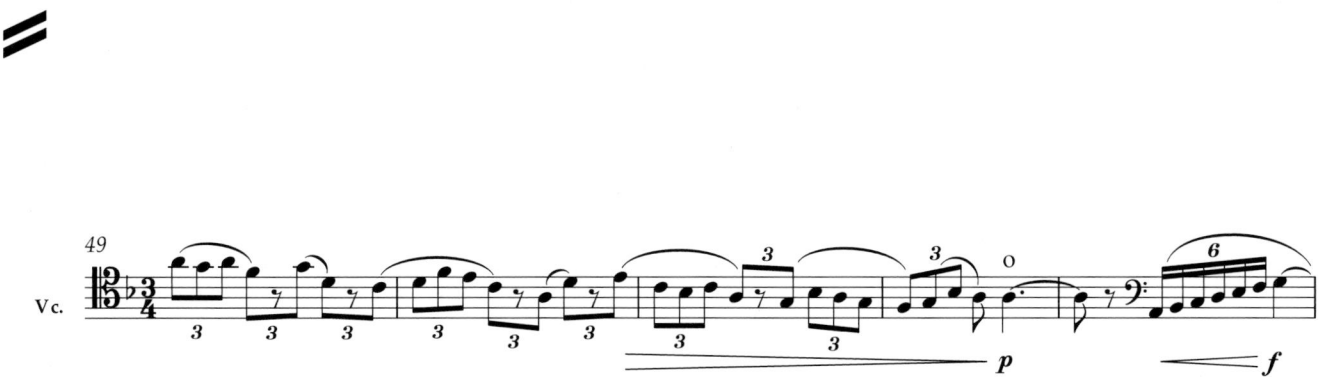
49
Vc.
p
f

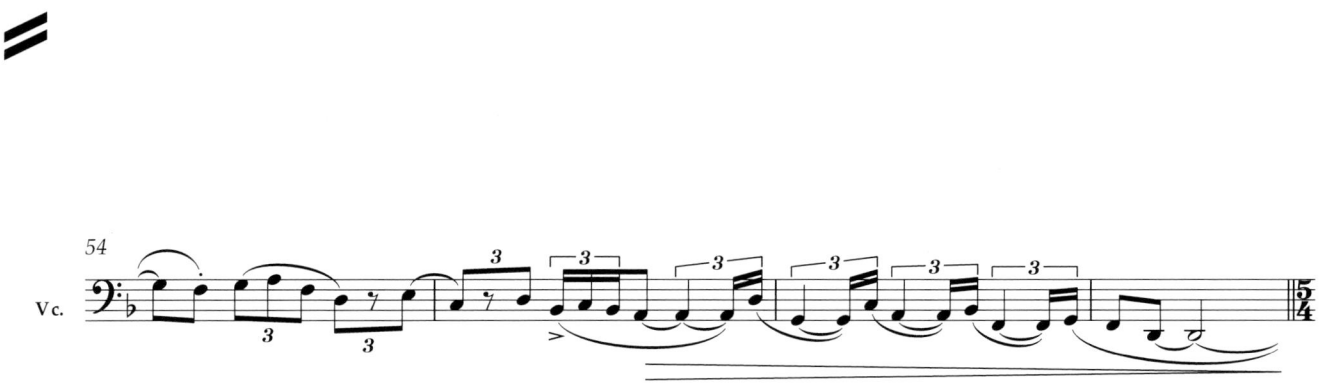
54
Vc.

1. PRAYER FOR TRAVELLING

67
S.
The bloom of cher - ries on my lips,
A.
lips,
Till I come back a -
T.
gliss.
The bloom of cher - ries on my lips,
B.
lips,
Till I come back a -
Vc.

71
S.
The love
A.
- gain.
The love
T.
Till I come back a - gain.
The love
B.
- gain.
The love
Vc.

75
S.
A.
T.
B.
Vc.
mf
mp
p
fp
Christ Je - sus gave,
Be fill - ing

79
S.
A.
T.
B.
Vc.
p
The love
e - very heart for me,
gliss.
f
mp

83
S.
Christ Je - sus gave,
A.
Christ Je - sus gave, Fill - ing
T.
Christ Je - sus gave, Fill - ing
B.
Christ Je - sus gave, Fill - ing
Vc.
mf
mp
p
fp

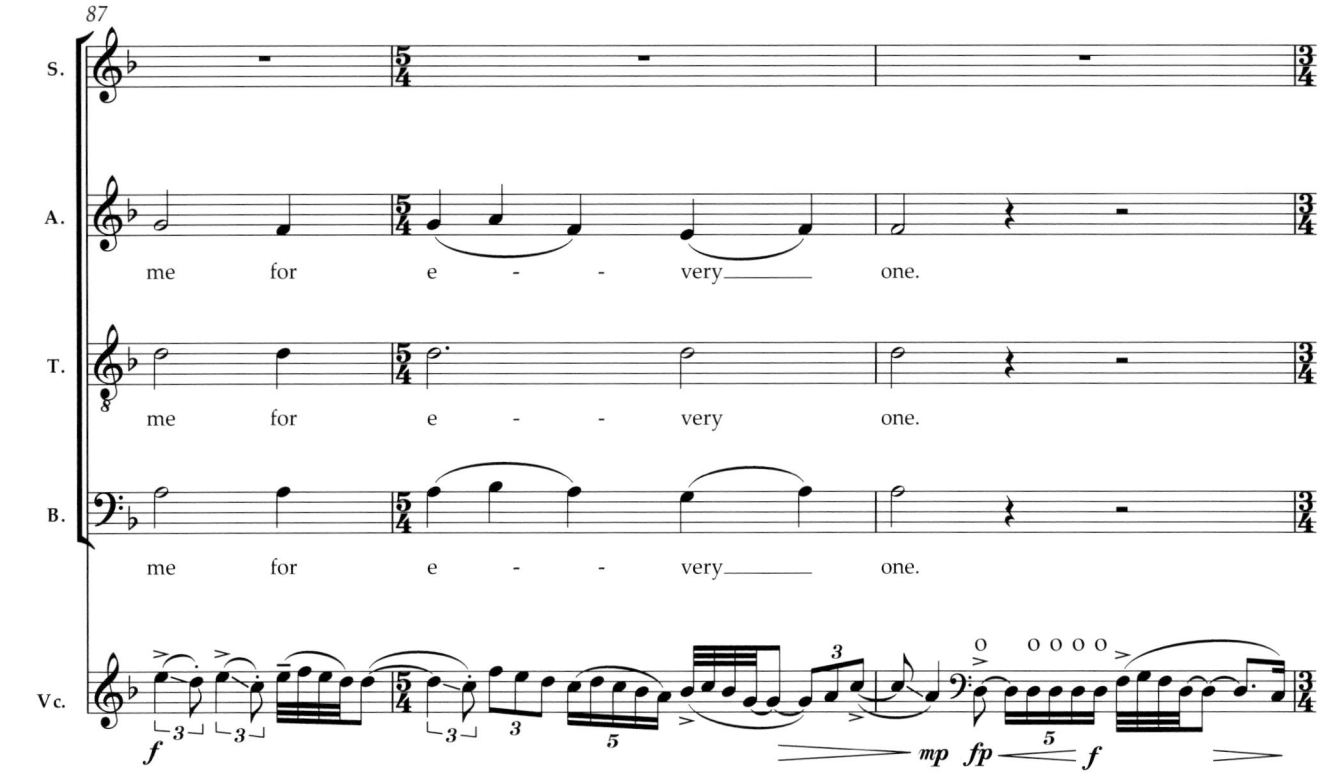
87
S.
A.
me for e - - very one.
T.
me for e - - very one.
B.
me for e - - very one.
Vc.
f
mp
fp
f

90
Handbells
Perc. 1
mf
S.
Tra - vers-ing cor - ries, tra - vers-ing fo - rests,
A.
Tra - vers-ing cor - ries, tra - vers-ing fo - rests,
T.
Tra - vers - ing cor - ries, tra - vers - ing fo - rests, Tra - ver - sing val - leys,
Tra - vers - ing cor - ries, tra - vers - ing fo - rests,
B.
Tra - vers - ing cor - ries, tra - vers - ing fo - rests, Tra - ver - sing val - leys,
Tra - vers - ing cor - ries, tra - vers - ing fo - rests,
Vc.
mp
mf
mp

94
Perc. 1
S.
mf
Tra - vers - ing val - - leys long
p
A.
mf
Tra - vers - ing val - - leys long
p
T.
Tra - vers - ing cor - ries, tra - vers - ing fo - rests, Tra-
Tra - vers - ing cor - ries, tra - vers - ing fo - rests, Tra - vers -
B.
Tra - vers - ing cor - ries, tra - vers - ing fo - rests, Tra-
Tra - vers - ing cor - ries, tra - vers - ing fo - rests, Tra - vers -
Vc.
mf

97
Perc. 1
S.
mf
and wild.
The fair white
A.
mf
and wild.
The fair
T.
- vers - ing val - leys long and wild.
- ing val - leys long and wild.
B.
- vers - ing val - leys long and wild.
- ing val - leys long and wild.
Vc.

101
S.
Ma - ry still up - hold me,
mp
A.
white Ma - - ry still up - hold me,
mp
T.
The Shep - herd
mp
B.
The Shep - herd
mp
Vc.
mf

105
S.
The fair white Ma - ry
f
A.
The fair white Ma -
f
T.
Je - su be my shield,
mf
B.
Je - su be my shield,
mf
Vc.

110
S.
still up - hold me,
A.
- ry still up-hold me,
T.
The Shep - herd Je - su be my
B.
The Shep - herd Je - su be my
Vc.
mp
mf

115
S.
Je - su my shield.
A.
T.
shield, Je - su be my shield.
B.
shield, Je - su be my shield.
Vc.
mf
p
f

REFRAIN

Quick ♪ = c.216
118
Tubular bell
Perc. 2
S.
A.
T.
B.
Vc.
Ia - co - bi Gal - le - ci - a O - o-pem ro - ga - at pi - am, Gle - be cu - ius
Quick ♪ = c.216
124
Glo - ri - a Da - at in - sig - ne - em vi - am, Ut pre - cum fre -

130
mp
p
S.
que - e - ti - a Ca-an-tet me-lo - o - di - i - am.
A.
que - e - ti - a Ca-an-tet me-lo - o - di - i - am.
T.
que - e - ti - a Ca-an-tet me-lo - o - di - i - am.
B.
que - e - ti - a Ca-an-tet me-lo - o - di - i - am.
Vc.

136
Vc.
mf
p

140
Vc.
f
p
f
p

2. PILGRIMS' SONG WITH HISTORY LESSON

151
S.
-a - - gu, E ul - tre-ia, e su - se-ia, E
A.
-a - - gu, E ul - tre-ia, e su - se-ia, E
Vc.
mp
f

155
S.
ul - tre-ia, e su - se - ia, De - us ad -
A.
ul - tre-ia, e su - se - ia, De - us ad -
Vc.
mp
f

158
S.
-iu - - - - va nos.
-iu - - - - va nos.
A.
-iu - - - - va nos.
-iu - - - - va nos.
Vc.
5
161
mp
mf
Her - ru San - - - - - ti - a -gu, Her - ru
Her - ru San - - - - - ti - a -gu, Her - ru
Her - ru San - - - - - ti - a -gu, Her - ru
Her - ru San - - - - - ti - a -gu, Her - ru

164
S.
San - - - ti - a - gu, Got San - ti - a - gu, Got San - ti-
San - - - ti - a - gu, Got San - ti - a - gu, Got San - ti-
A.
San - - - ti - a - gu, Got San - ti - a - gu, Got San - ti-
San - - - ti - a - gu, Got San - ti - a - gu, Got San - ti-
Vc.

167
S.
-a - gu, San - - - - ti - a - gu, E ul - tre - ia,
-a - gu, San - - - - ti - a - gu, E ul - tre - ia,
A.
-a - gu, San - - - - ti - a - gu, E ul - tre - ia,
-a - gu, San - - - - ti - a - gu, E ul - tre - ia,
Vc.

171
S.
A.
Vc.
e su - se - ia, E ul - tre - ia, e su - se - ia,
e su - se - ia, E ul - tre - ia, e su - se - ia,
e su - se - ia, E ul - tre - ia, e su - se - ia,
e su - se - ia, E ul - tre - ia, e su - se - ia,

174
S.
A.
Vc.
De - us ad - iu - va nos.
De - us ad - iu - va nos.
De - us ad - iu - va nos.
De - us ad - iu - va nos.

177
S.
Her - ru San - ti - a - - - gu, Got
A.
Her - ru San - ti - a - - - - gu,
SOLO
spoken, clearly and firmly, in natural speech rhythm
T.
I have always regretted that We could not find time to make a Pilgrimage to Saint Iago de Compostella. We were informed, particularly by Mr Lagoanere, that the Original of this Shrine and Temple of St Iago
Vc.
180
S.
San - ti-a - - - - - - - gu,
A.
Got San - ti - a - - - - - - - - gu,
T.
was this. A certain Shepherd saw a bright Light there in the night. Afterwards it was revealed to an Archbishop that St. James was buried there. This laid the Foundation of a Church, and they have built an Altar on the Spot where the
Vc.
183
S.
E ul - tre - ia, e su - se - ia, E ul - tre - ia,
A.
E ul - tre - ia, e su - se-ia, E ul -
T.
Shepherd saw the Light. In the time of the Moors, the People made a Vow, that if the Moors should be driven from this Country, they would give a certain portion of the Income of their Lands to Saint James. The Moors were defeated
Vc.

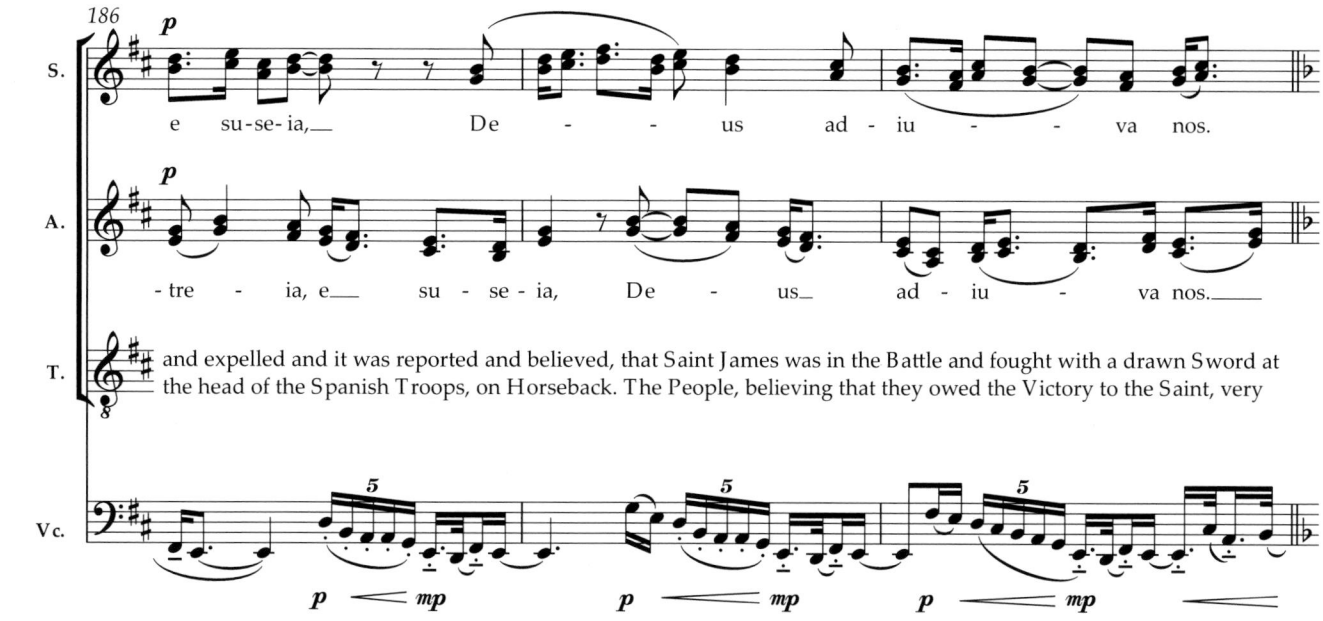
186
S.
e su-se-ia, De - - us ad - iu - - va nos.
A.
-tre - ia, e su - se - ia, De - us ad - iu - va nos.
T.
and expelled and it was reported and believed, that Saint James was in the Battle and fought with a drawn Sword at the head of the Spanish Troops, on Horseback. The People, believing that they owed the Victory to the Saint, very
Vc.

189
S.
Her - ru San - ti - a - - - gu,
Her - ru San - ti - a - - - gu,
A.
Her - ru San - ti - a - - - gu,
Her - ru San - ti - a - - - gu,
T.
chearfully fulfilled their Vows by paying the Tribute.
Vc.

192
mf
p
Got San - - ti - a - - - gu, Her - ru
S.
A.
T.
Vc.
mp
195
San - - - ti-a-gu, Got San - ti-a-gu, Her - ru San -
f
SOLO spoken
B.
Upon the Supposition that this is the place of the Sepulture of Saint James, there are great numbers of Pilgrims,

199
S.
- ti - a - gu, -ti - a - gu, -ti - a - gu,
A.
- ti - a - gu, -ti - a - gu, -ti - a - gu,
T.
B.
who visit it, every Year, from France, Spain, Italy and other parts of Europe, many of them on foot.
Vc.
202
-ti - a - gu, San - - ti - a - gu,
SOLO
Saint Iago is called the Capital of Gallicia, because it is the Seat of the Archbishop and because Saint James is its Patron.

REFRAIN

Quick ♪ = c.216
205
mp
mf
mp
S.
Ia - co - bo dat pa - ri - um Om - nis mun - dus gra - tis, Ob cu - ius re-
A.
Ia - co - bo dat pa - ri - um Om - nis mun - dus gra - tis, Ob cu - ius re-
T.
Ia - co - bo dat pa - ri - um Om - nis mun - dus gra - tis, Ob cu - ius re-
B.
Ia - co - bo dat pa - ri - um Om - nis mun - dus gra - tis, Ob cu - ius re-
Quick ♪ = c.216
Vc.

211
mf
mp
S.
-me - di - em Mi - les pi - e - ta - tis Cun - cto - rum pre -
A.
-me - di - em Mi - les pi - e - ta - tis Cun - cto - rum pre -
T.
-me - di - em Mi - les pi - e - ta - tis Cun - cto - rum pre -
B.
-me - di - em Mi - les pi - e - ta - tis Cun - cto - rum pre -
Vc.

217
S.
A.
T.
B.
Vc.
mf
mp
- si - - di - um Est ad vo - ta sa - tis.

223
Vc.
p
mp
f
mp
p
mp
p

228
Vc.
mp
f
mp
f

3. WALKING WITH GOD

241
T.
A light to shine u - pon the
frame; A light to shine u - pon the
B.
frame; A light to shine u - pon the
frame; A light to shine u - pon the
Vc.

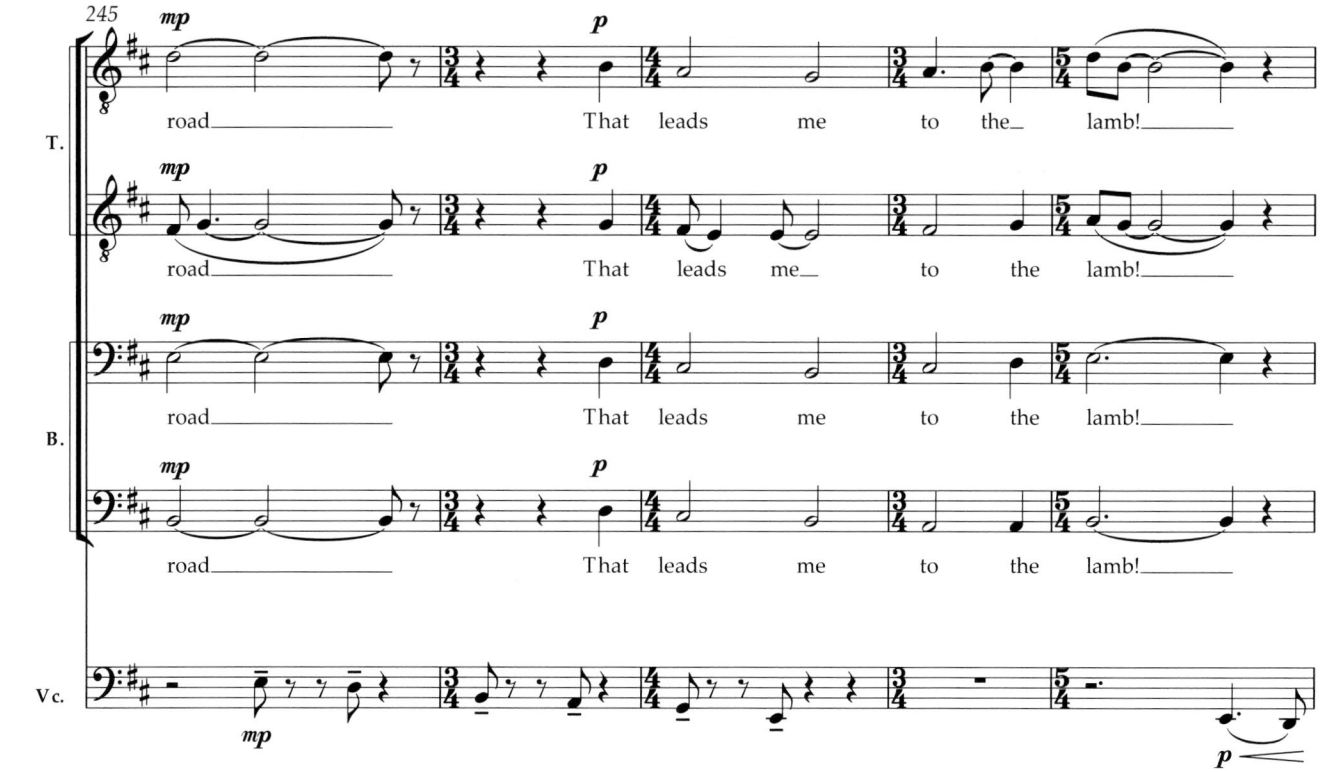
245
T.
road That leads me to the lamb!
road That leads me to the lamb!
B.
road That leads me to the lamb!
road That leads me to the lamb!
Vc.

250
mp
mf
Where is the bless - - - - -
mp
Where is the
T.
B.
Vc.
mf
mp
253
- ed-ness I knew the Lord?
mf
bless - - ed-ness I knew, I saw
mf
When first I saw the Lord?
mf
When first I saw
T.
B.
Vc.

256
T.
mp
mf
Where is the soul - - - - -
the Lord?
Where is the
B.
the Lord?
Vc.
mf mp

259
T.
- re - fresh - - ing view his word?
mf
soul - - re-fresh - ing view and his
B.
Of Je - - sus and his
Of Je - - - - sus and
Vc.

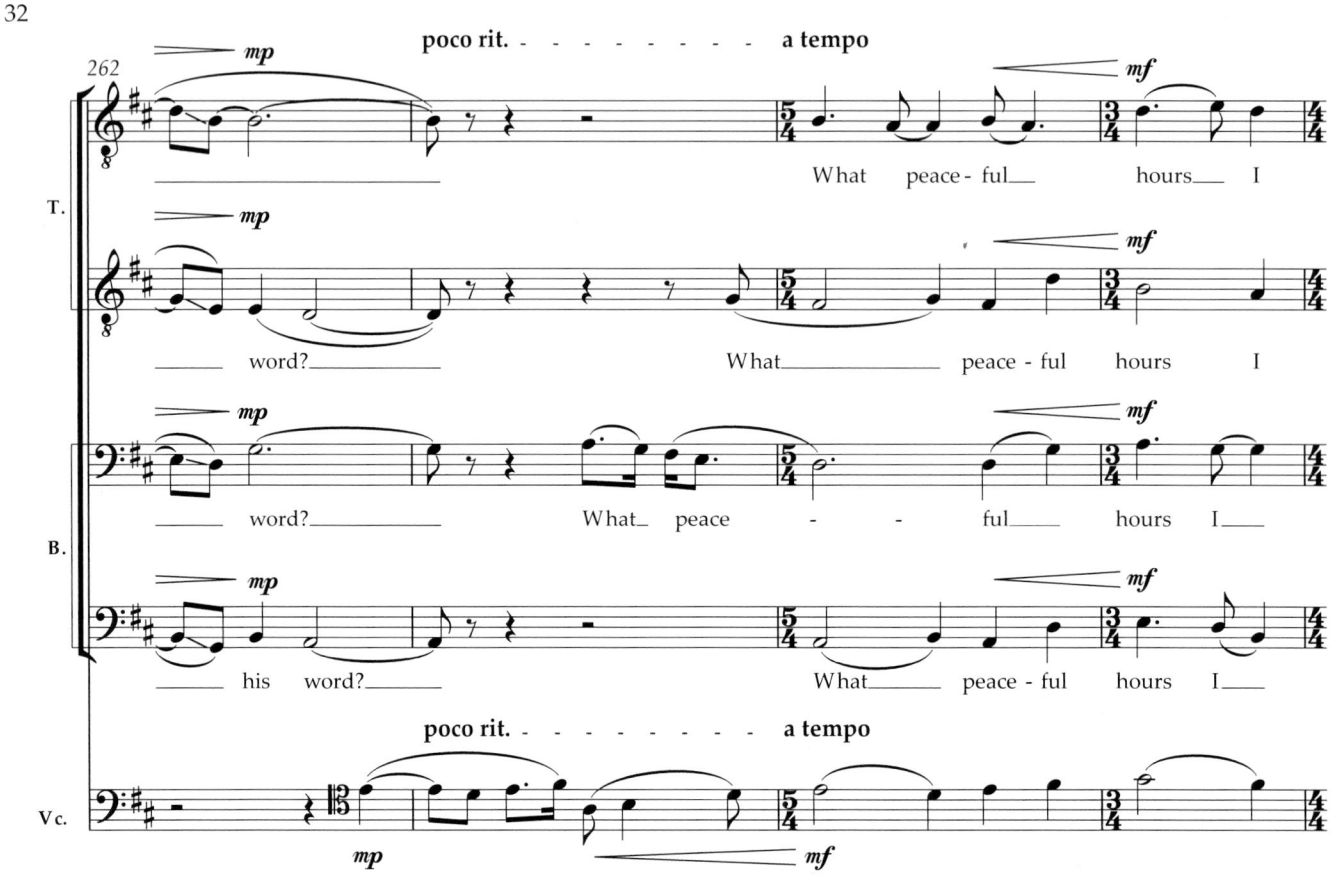
262
mp
poco rit.
a tempo
mf
T.
What peace - ful hours I
word?
What peace - ful hours I
B.
word?
What peace - ful hours I
his word?
What peace - ful hours I
Vc.

266
f
T.
once en - joyed! How sweet their me - mory
once en - joyed! How sweet their me - mory
B.
once en - joyed! How sweet their me - mory
once en - joyed! How sweet their me - mory
Vc.

270
mf
f
T.
still! But they have left an ach - - ing
still! But they have left an ach - - ing
B.
still! But they have left an ach - - ing
still! But they have left an ach - - ing
Vc.

274
mf
mp
T.
void, The world can ne - ver
void, The world can ne - ver
B.
void, The world can ne - ver
void, The world can ne - ver
Vc.
5
mp

278
S.
Re - turn, O Ho - ly Dove, re -
T.
fill. Ho - ly Dove, re - turn Sweet Me(s) - sen -
fill. Ho - ly Dove, re - turn Sweet Me(s) - sen -
B.
fill. Ho - ly Dove, re - turn Sweet Me(s) - sen -
fill. Ho - ly Dove, re - turn Sweet Me(s) - sen -
Vc.
284
S.
- turn, Sweet mes - sen - ger of rest; I
T.
- ger of rest; I hate the sins that made thee mourn And
- ger of rest; I hate the sins that made thee mourn And
B.
- ger of rest; I hate the sins that made thee mourn And
- ger of rest; I hate the sins that made thee mourn And
Vc.

290
S.
hate the sins that made thee mourn, And drove thee
mf
T.
drove thee from my breast. O Ho - ly Dove, re - turn, Ho -
mp
B.
drove thee from my breast. O Ho - ly Dove, re - turn, Ho -
Vc.
296
from my breast.
p
f
-ly Dove, re - turn. The dear - est i - dol I have

300
mf
mp
T.
known, What - e'er that i - dol be; Help me to
known, Help me to
B.
known, Help me to
known, Help me to
Vc.
mf

305
f
ff
T.
tear it from thy throne, And wor - - - ship
tear it from thy throne, wor - ship
B.
tear it from thy throne,
tear it from thy throne,
Vc.

310
poco rit. - - - - - - - - a tempo
mf
p
on - - ly thee.
So shall my walk be
T.
B.
Vc.
315
close with God, Calm and se - rene my frame:
close with God, Calm and se - rene my frame:
close with God, Calm and se - rene my frame:
close with God, Calm and se - rene my frame:
mp

320
mf
mp
So pu - rer light shall mark the road That
T.
B.
Vc.
I
poco rall
324
pp
leads me to the Lamb.
III IV IV II II II
p

REFRAIN

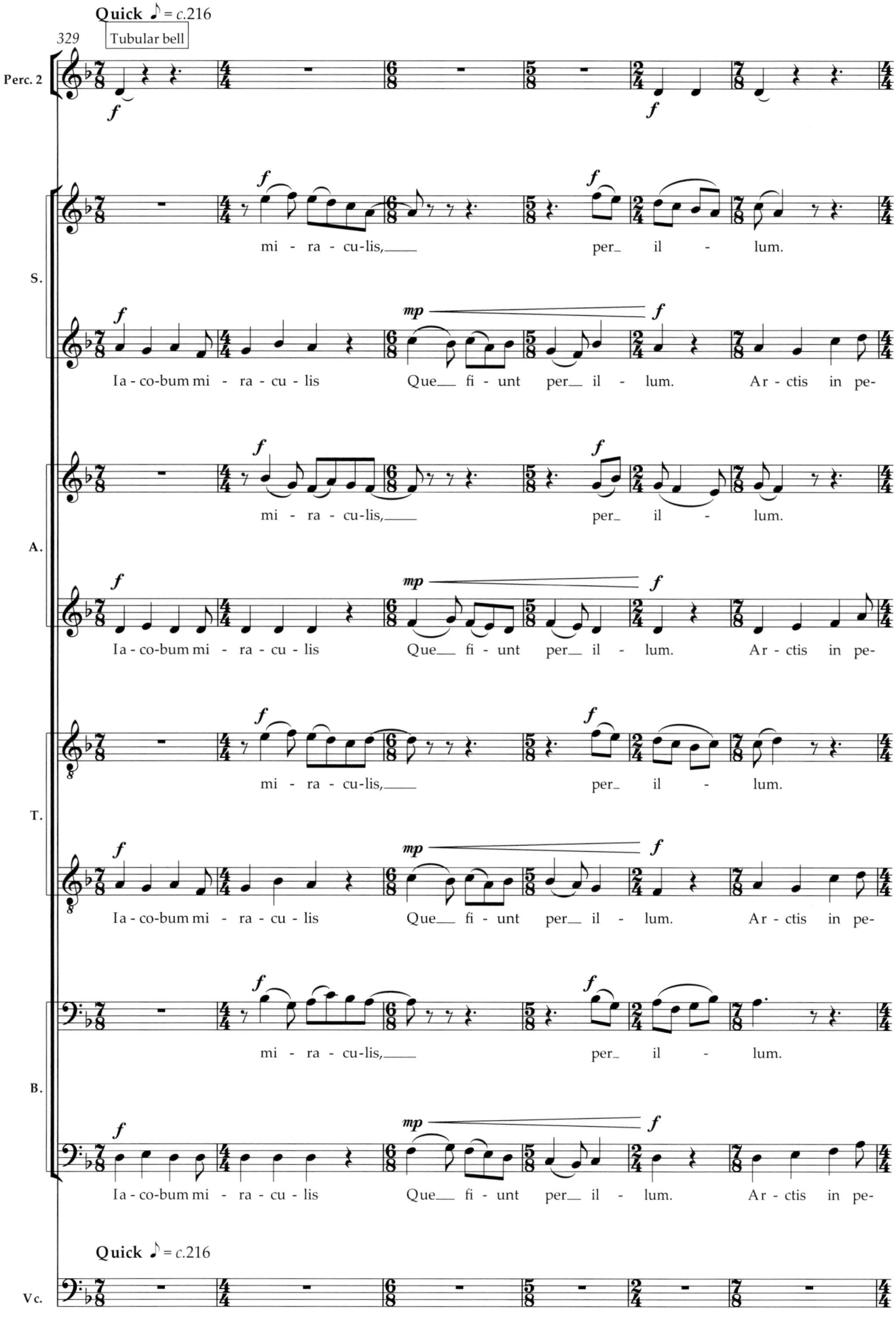
Quick ♪ = c.216
329
Tubular bell
Perc. 2
S.
mi - ra - cu-lis, per il - lum.
Ia - co-bum mi - ra - cu - lis Que fi - unt per il - lum. Ar - ctis in pe-
A.
T.
B.
Quick ♪ = c.216
Vc.

335
Perc. 2
f
S.
f
pe - ri - cu- lis, ad il - lum,
mp f p
-ri - cu - lis Ac - cla - met ad il - lum, Quis - quis sol - vi
A.
f
pe - ri - cu- lis, ad il - lum,
mp f p
-ri - cu - lis Ac - cla - met ad il - lum, Quis - quis sol - vi
T.
f
pe - ri - cu- lis, ad il - lum,
mp f p
-ri - cu - lis Ac - cla - met ad il - lum, Quis - quis sol - vi
B.
f
pe - ri - cu- lis, ad il - lum,
mp f p
-ri - cu - lis Ac - cla - met ad il - lum, Quis - quis sol - vi
Vc.

341
S.
vin - cu- lis, pro - pter il - lum.
vin - cu - lis Spe - rat pro-pter il - - lum.
A.
vin - cu- lis, pro - pter il - lum.
vin - cu - lis Spe - rat pro-pter il - - lum.
T.
vin - cu- lis, pro - pter il - lum.
vin - cu - lis Spe - rat pro-pter il - - lum.
B.
vin - cu- lis, pro - pter il - lum.
vin - cu - lis Spe - rat pro-pter il - - lum.
Vc.
347
Vc.
352
Vc.

4. MIRACLES

rall.
Flowing ♩ = c.72
356
Handbells
Perc. 1
mp
S.
mf
p
mp
Why, who makes much of a mi - ra - cle? As to me I
A.
Why, who makes much of a mi - ra - cle?
T.
Why, who makes much of a mi - ra - cle?
B.
Why, who makes much of a mi - ra - cle?
rall.
Flowing ♩ = c.72
Vc.
mf
361
S.
mf
p
know of no - thing else but mi - ra - cles,
A.
p
mi - ra - cles,
T.
p
mi - ra - cles,
B.
p
mi - ra - cles,
Vc.
mf
mp

364
S.
mp
mf
mp
Whe - ther I walk the streets of Man - hat - tan, Or
A.
Whe-ther I walk the streets of Man-hat - - tan,
T.
Whe-ther I walk the streets of Man-hat - - tan,
B.
Whe-ther I walk the streets of Man-hat - - tan,
Vc.

368
S.
mf
p
dart my sight o - ver the roofs of hou - ses to-ward the sky,
A.
mp
sight o - ver the roofs to - ward the sky,
T.
sight o - ver the roofs to - ward the sky,
B.
sight o - ver the roofs to - ward the sky,
Vc.

372
S.
mp
na - ked feet a - long the beach just in the
A.
mp
Or wade with na-ked feet a - long the beach just
T.
mp
Or wade with na-ked feet a - long the beach just
B.
mp
Or wade with na - ked feet a - long the beach just
Vc.
mf

376
S.
mf
mp
edge of the wa-ter,
A.
mf
mp
in the wa - ter,
T.
mf
mp
p
mp
in the wa - ter, Or stand un - der
B.
mf
mp
in the wa - ter,
Vc.
mp

380
S.
trees in the woods, Or talk by
A.
trees in the woods, Or talk
T.
trees in the woods, Or talk by
B.
Or talk
Vc.
384
S.
day with a - ny one I love, or sleep
A.
by day with a-ny one I love,
T.
day with a - ny one I love, or sleep
B.
by day with a - ny one I love,
Vc.

387
S.
in the bed at night with a - ny one I love,
A.
or sleep in the bed at night with a-ny one I
T.
in the bed at night with a - ny one I love,
B.
or sleep in the bed at night with a - ny one I
Vc.

391
S.
Or sit at ta - -
A.
love,
Or sit at ta - -
T.
B.
love,
Or sit at ta -
Vc.

395
S.
- ble with the rest, look
A.
- ble with the rest, look
T.
Or look at strang - ers
B.
- ble at din-ner with the rest, look
Vc.

399
poco rall.
S.
at strang - ers, Or watch
A.
at strang - ers,
T.
op - po - site me rid - ing in the car, Or watch
B.
at strang - ers, Or watch
poco rall.
Vc.

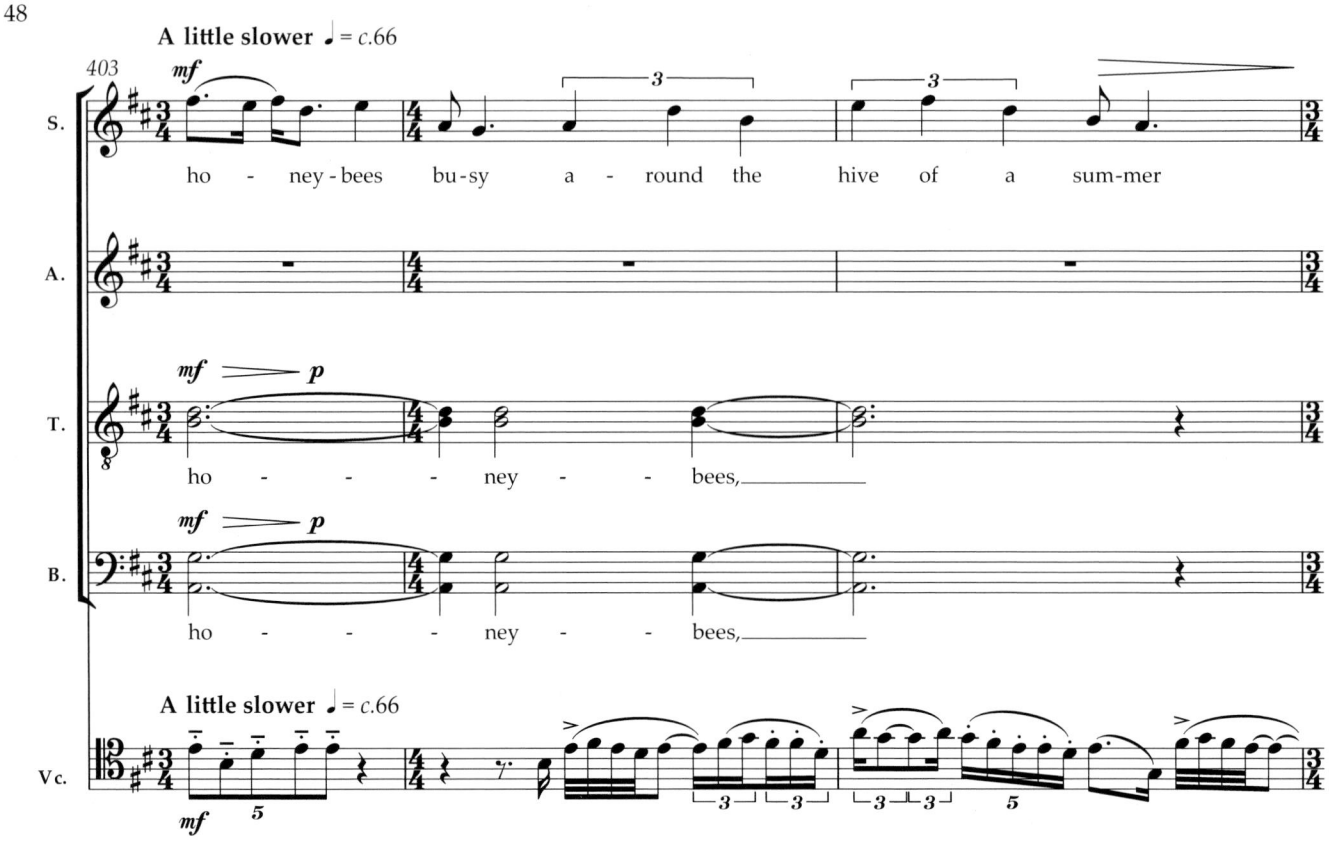
A little slower ♩= c.66
403
mf
S.
ho - ney - bees bu - sy a - round the hive of a sum - mer
A.
T.
mf p
ho - - - ney - - bees,
B.
ho - - - ney - - bees,
A little slower ♩= c.66
Vc.
mf

406
mp
S.
fore - noon,
mf p
feed - ing,
A.
mf
Or a - ni - mals feed - ing in the fields,
T.
mf p
feed - ing,
B.
mf p
feed - ing,
Vc.
mp

409
S.
mp
Or bir - ir - ir-irds,
A.
mp
Or bir - ir - ir-irds,
T.
mp
or the won -
B.
mp
or the won -
Vc.
mp
5
3
3
3
3

412
S.
mp
3
mf
or the won-der-ful-ness of in - sects in the air,
A.
mp
or the won - der - ful - ness of in - - sects,
T.
- der - ful - - - - ness,
B.
- der - ful - - - ness of in - - - sects,
Vc.

415
mp
S.
A.
Or the
T.
Or the won - der - ful -
B.
Or the won - - - der -
jeté
Vc.
mp
418
mf
Or the won-der-ful-ness of the sun - down, or of
won - der - ful - ness of sun - - down,
- ness of the sun - - - - -
- ful - - - - - - ness of the
3
5

421
mf
p
S.
stars shi - ning so quiet and bright,
A.
stars shi - ning so quiet and bright,
T.
- down,
B.
sun - down,
jeté
mp
5
Vc.

425
p
mf
mp
3
S.
Or the ex - qui-site de - li-cate thin curve
A.
Or the ex - qui - site
T.
Or the ex - qui-site de - li-cate thin curve
B.
Or the ex - qui - site
Vc.

poco accel.
428
S.
of the new moon in spring;
A.
the new, the new moon in spring;
T.
of the new moon in spring;
B.
the new, the new moon in spring;
Vc.
poco accel.
Flowing ♩ = c.72
432
Handbells
Perc. 1
S.
These with the rest, one and all, are to me mi - ra - cles,
A.
These with the rest, one and all, are to me mi - ra - cles,
T.
These with the rest, one and all, are to me mi - ra - cles,
B.
These with the rest, one and all, are to me mi - ra - cles,
Flowing ♩ = c.72
Vc.

436
S.
A.
T.
B.
Vc.
f
mf
The whole re - fer - ring, yet each di -
rall.
pp
- stinct and in its place.
p

REFRAIN

Quick ♪ = c.216
Tubular bell
444
Perc. 2
mf
S.
A.
T.
B.
p
mf
O be - a - te Ia - co - be, Vir - tus no - stra ve - re, No - bis ho - stes
Quick ♪ = c.216
Vc.
450
re - mo - ve Tu - os ac tu - e - re Ac de - vo - tos

456
S.
A.
T.
B.
Vc.
f
ad - - hi-be Nos_ ti - bi pla - ce - - re.

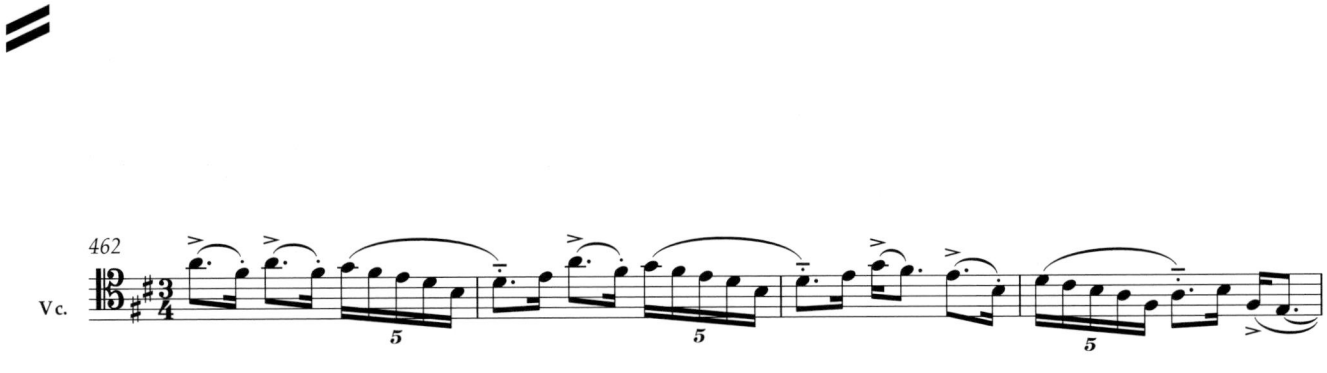
462
Vc.
5

466
Vc.
5
p
mf
mp
mf

5. OUR JOURNEY WAS ADVANCED

481
S.
A.
T.
B.
Vc.
mp
f
To that odd fork in Be - ing's road,

486
Handbells
Perc. 1
SOLO SOP.
S.
A.
T.
B.
Vc.
p
E - ter - ni - ty.
E - ter - ni - ty by term.

491
mp
S.
pace took su(d) - den awe, su(d) - - den awe, su(d)
p
mp
Our pace took sud - den awe,
A.
Our pace took sud - den awe,
T.
Our pace took sud - den awe,
B.
Our pace took sud - den awe,
Vc.
mp

494
S.
- - den awe, su(d) - den awe, took su(d) den awe, pace took su(d) den awe, su(d)
p
mp
Our pace took sud - den awe,
A.
Our pace took sud - den awe,
T.
Our pace took sud - den awe,
B.
Our pace took sud - den awe,
Vc.

497
S.
den awe, feet re - lu - ctant led, re -
A.
Our feet re - - lu - ctant
T.
Our feet re - - lu - ctant
B.
Our feet re - - lu - ctant
Vc.
500
-lu - ctant led, re-lu - - ctant led, re-lu - ctant led. Be - fore,
led. Be - fore were

503
S.
were ci - ties be-tween, be - fore were ci - ties be-tween, be-fore were
ci - - ties, but be - - tween,
A.
ci - - ties, but be - - tween,
T.
ci - - ties, but be - - tween,
B.
ci - - ties, but be - - tween,
Vc.
506
SOLO SOP.
of the dead.
S.
ci - ties be-tween, be-fore were The fo-rests of the dead.
The fo - rest of the dead.
A.
The fo - rest of the dead.
T.
The fo - rest of the dead.
B.
The fo - rest of the dead.
Vc.

510
Handbells
Perc. 1
p
SOLO SOP.
S.
pp
p
pp
Re - treat was out of hope, Be - hind, a
A.
Re - treat was out of hope, Be - hind, a
T.
Re - treat was out of hope, Be - hind, a
B.
Re - treat was out of hope, Be - hind, a
Vc.
tr
p

517
S.
p
pp
seal - ed route, E - ter - ni - ty's white flag, E -
A.
seal - ed route, E - ter - ni - ty's white flag, E -
T.
seal - ed route, E - ter - ni - ty's white flag, E -
B.
seal - ed route, E - ter - ni - ty's white flag, E -
Vc.
tr
p

524
S.
-ter - ni - ty's white flag, E - ter - ni - ty's white flag be -
A.
-ter - ni - ty's white flag, E - ter - ni - ty's white flag be -
T.
-ter - ni - ty's white flag, E - ter - ni - ty's white flag be -
B.
-ter - ni - ty's white flag, E - ter - ni - ty's white flag be -
Vc.
tr
p
531
Handbells
Perc. 1
f
S.
fore, And God at e - very gate.
A.
fore, And God at e - very gate.
T.
fore, And God at e - very gate.
B.
fore, And God at e - very gate.
Vc.
tr
mp
f

REFRAIN

Quick ♪ = c.216
536
Tubular bell
Perc. 2
S.
Ia - co - bo pro - pi - ci - o
Ve - ni - am spe - re - mus
A.
Ia - co - bo pro - pi - ci - o
Ve - ni - am spe - re - mus
T.
Ia - co - bo pro - pi - ci - o
Ve - ni - am spe - re - mus
B.
Ia - co - bo pro - pi - ci - o
Ve - ni - am spe - re - mus
Quick ♪ = c.216
Vc.
541
Perc. 2
S.
Et, quas ex ob - se - qui - o
Me - ri - to de - be - mus
A.
Et, quas ex ob - se - qui - o
Me - ri - to de - be - mus
T.
Et, quas ex ob - se - qui - o
Me - ri - to de - be - mus
B.
Et, quas ex ob - se - qui - o
Me - ri - to de - be - mus
Vc.

546
Perc. 2
S.
Pa - tri tam ex - i - - - mi - o Di - gnas
A.
Pa - tri tam ex - i - - - mi - o Di - gnas
T.
Pa - tri tam ex - i - - - mi - o Di - gnas
B.
Pa - tri tam ex - i - - - mi - o Di - gnas
Vc.
551
S.
lau - des de - - mus. A - - -
A.
lau - des de - - mus. A - - -
T.
lau - des de - - mus.
B.
lau - des de - - mus.
Vc.

555
S.
mf
mp
mf
- men.
A - - - - - men.
A.
mf
mp
mf
- men.
A - - - - - men.
T.
mp
mf
A - - - - - men.
mp
mf
A - - - - -
B.
mp
mf
A - - - - - men.
mp
mf
A - - - - -
Vc.
559
S.
ff
A - - - - - - men.
A.
ff
A - - - - - - men.
T.
f
ff
- men. A - - - - men.
B.
f
ff
- men. A - - - - men.
Vc.
3
ff

6. CAMPUS STELLAE (THE FIELD OF STARS)

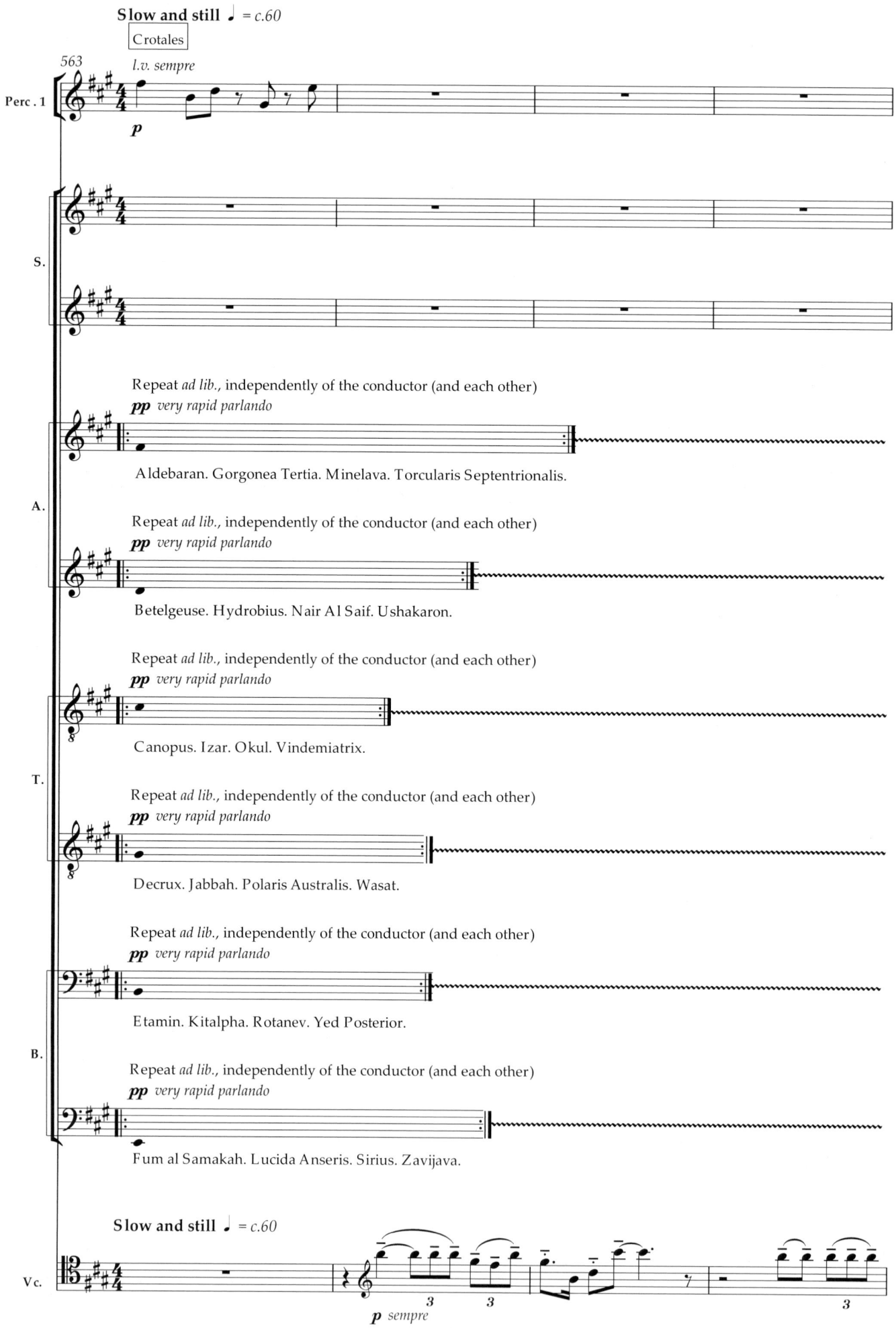

567
Perc. 1
p
S.
A.
T.
B.
Vc.
3
3
3

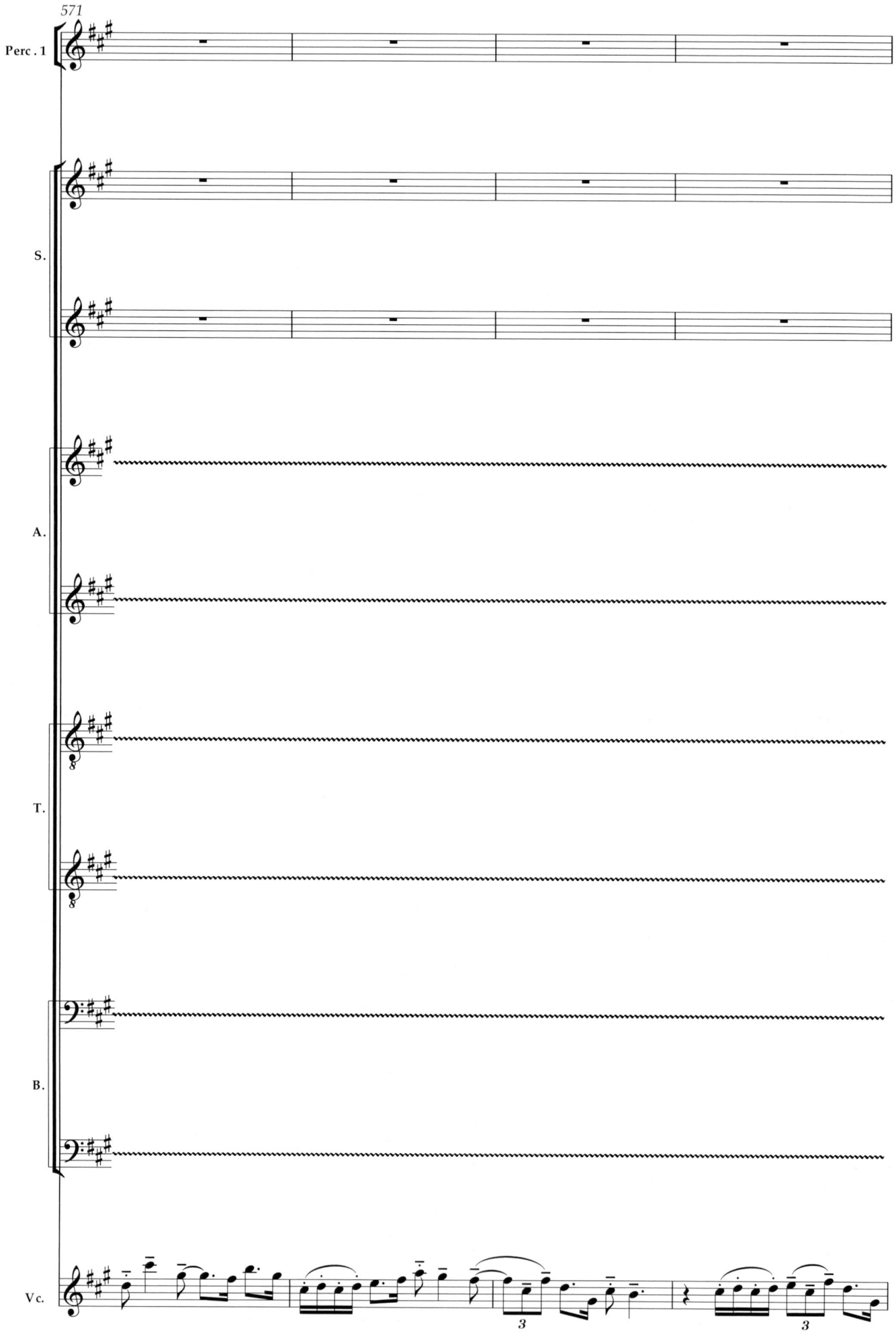
571
Perc. 1
S.
A.
T.
B.
Vc.
3
3

575
Perc. 1
p
Repeat ad lib., independently of the conductor (and each other)
pp
El - mu- tha(l) leth. Kor - ne - pho-ros.
S.
A.
T.
B.
Vc.
3
3
5

579
Perc. 1
p
S.
Repeat ad lib., independently of the conductor (and each other)
pp
Ras Al- ge - thi. Te - re- be(l)-lum.
A.
At the conductor's signal, finish the bar you are singing
and move on immediately to the next one
Al Min - li - ar al A - sad.
At the conductor's signal, finish the bar you are singing
and move on immediately to the next one
Shur-na - kab - ti - sha-shu -
T.
B.
Vc.
5

582
Perc. 1
S.
A.
-tu.
At the conductor's signal, finish the bar you are singing
and move on immediately to the next one
Pro - xi - ma Cen-tau - ri.
T.
At the conductor's signal, finish the bar you are singing
and move on immediately to the next one
Zu - ben - el - A - kri - bi.
At the conductor's signal, finish the bar you are singing
and move on immediately to the next one
De - neb Al - ge - di.
B.
Vc.
5
5

585
Perc. 1
p
S.
A.
T.
B.
At the conductor's signal, finish the bar you are singing
and move on immediately to the next one
Mi - a - pla - ci - dus.
Vc.
5

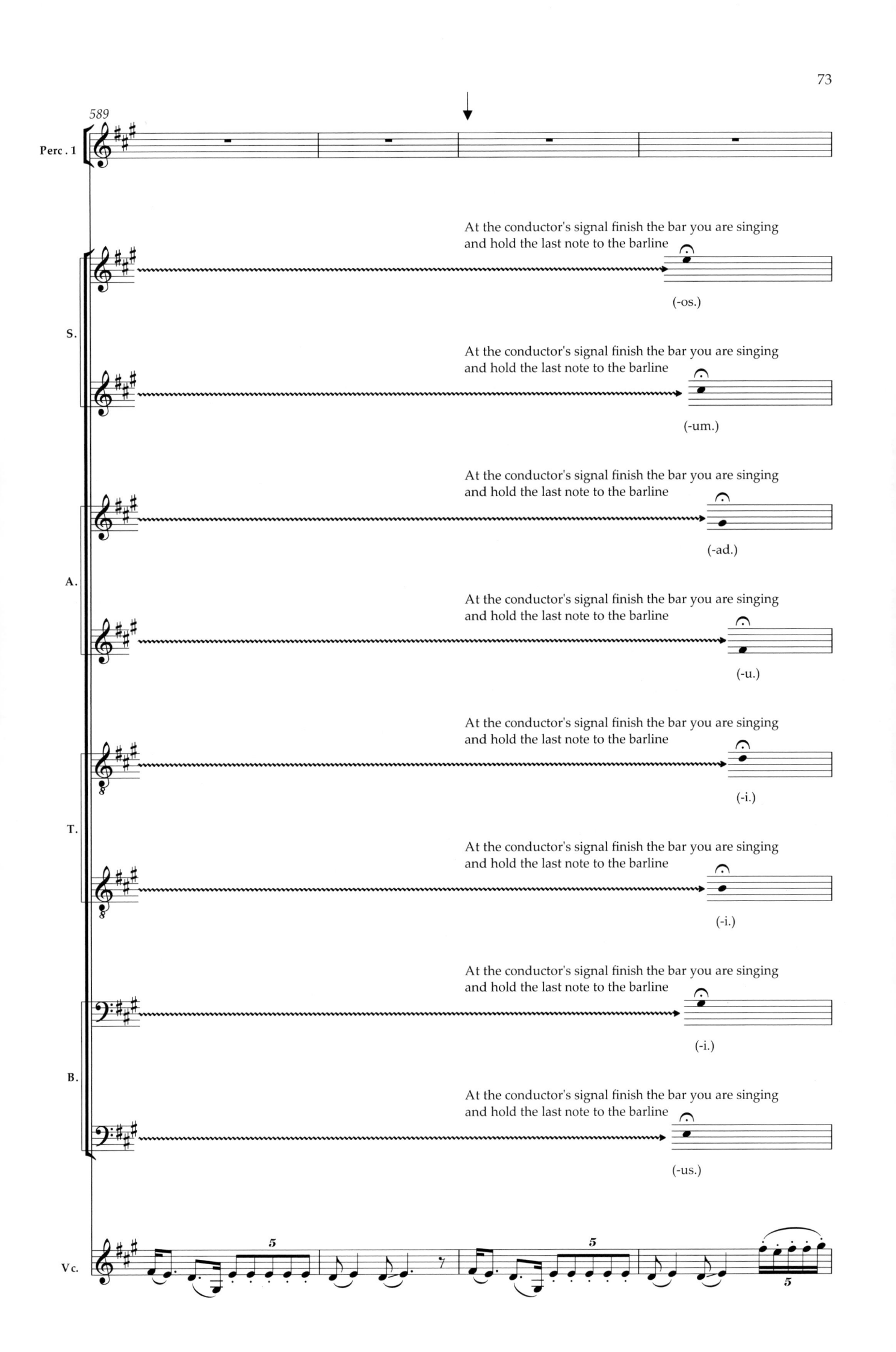
589
Perc. 1
S.
At the conductor's signal finish the bar you are singing and hold the last note to the barline
(-os.)
At the conductor's signal finish the bar you are singing and hold the last note to the barline
(-um.)
A.
At the conductor's signal finish the bar you are singing and hold the last note to the barline
(-ad.)
At the conductor's signal finish the bar you are singing and hold the last note to the barline
(-u.)
T.
At the conductor's signal finish the bar you are singing and hold the last note to the barline
(-i.)
At the conductor's signal finish the bar you are singing and hold the last note to the barline
(-i.)
B.
At the conductor's signal finish the bar you are singing and hold the last note to the barline
(-i.)
At the conductor's signal finish the bar you are singing and hold the last note to the barline
(-us.)
Vc.
5
5
5

Glockenspiel
593
l.v. sempre
Perc. 2
p
p sempre
S.
Vul - pe-cu-la. An - dro-me - da. Ur-sa Mi-nor. Bo - ö - tes. Tu-ca -
p sempre
Vul - pe-cu-la. An - dro-me - da. Ur-sa Mi-nor. Bo - ö - tes. Tu-ca -
p sempre
A.
Vul - pe-cu-la. An - dro-me - da. Ur-sa Mi-nor. Bo - ö - tes. Tu-ca -
p sempre
Vul - pe-cu-la. An - dro-me - da. Ur-sa Mi-nor. Bo - ö - tes. Tu-ca -
T.
B.
Vc.

597
Perc. 2
S.
- na. Ca-me-lo-par-da - lis. Sa - git-ta. Del - phi - nus.
- na. Ca-me-lo-par-da - lis. Sa - git-ta. Del - phi - nus.
A.
- na. Ca-me-lo-par-da - lis. Sa - git-ta. Del - phi - nus.
- na. Ca-me-lo-par-da - lis. Sa - git-ta. Del - phi - nus.
T.
B.
Vc.

601
Perc. 2
S.
Re-ti-cu-lum. E - ri - da - nus. Per-se - us. For - nax.
Re-ti-cu-lum. E - ri - da - nus. Per-se - us. For - nax.
A.
Re-ti-cu-lum. E - ri - da - nus. Per-se - us. For - nax.
Re-ti-cu-lum. E - ri - da - nus. Per-se - us. For - nax.
T.
B.
Vc.

605
Perc. 2
S.
Oc - tans. Grus. Nor - ma. Ho - ro - lo - gi - um.
Oc - tans. Grus. Nor - ma. Ho - ro - lo - gi - um.
A.
Oc - tans. Grus. Nor - ma. Ho - ro - lo - gi - um.
Oc - tans. Grus. Nor - ma. Ho - ro - lo - gi - um.
T.
B.
Vc.

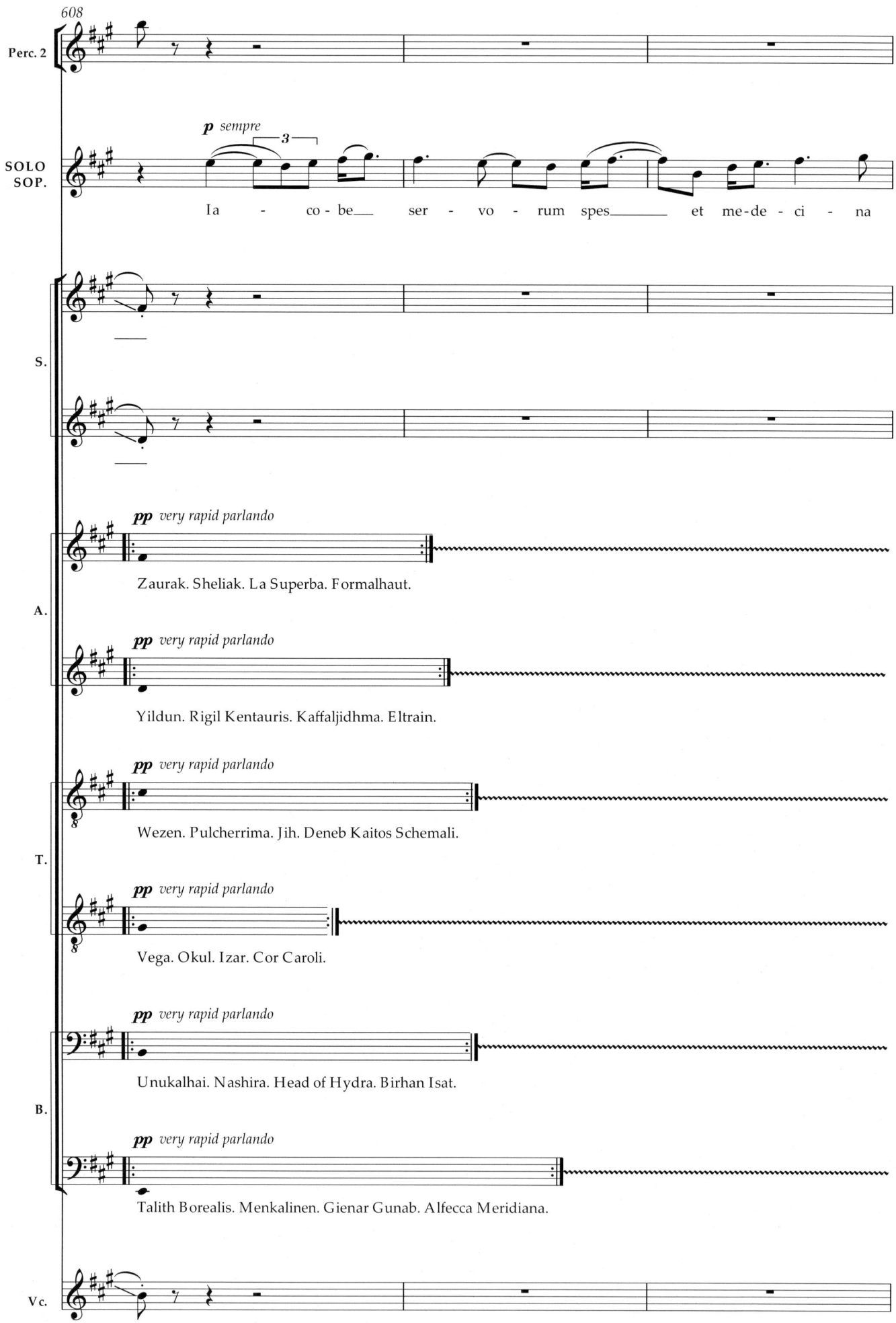
608
Perc. 2
p sempre
3
SOLO SOP.
Ia - co - be ser - vo - rum spes et me-de - ci - na
S.
pp very rapid parlando
Zaurak. Sheliak. La Superba. Formalhaut.
A.
pp very rapid parlando
Yildun. Rigil Kentauris. Kaffaljidhma. Eltrain.
pp very rapid parlando
Wezen. Pulcherrima. Jih. Deneb Kaitos Schemali.
T.
pp very rapid parlando
Vega. Okul. Izar. Cor Caroli.
pp very rapid parlando
Unukalhai. Nashira. Head of Hydra. Birhan Isat.
B.
pp very rapid parlando
Talith Borealis. Menkalinen. Gienar Gunab. Alfecca Meridiana.
Vc.

611
Crotales
Perc. 1
f
Perc. 2
f
SOLO SOP.
tu - o - rum.
Red- de tu - is
whispered
Mi-cro - sco-pi - um.
S.
whispered
In - dus. Le-o Mi-nor.
A.
T.
B.
Vc.
p

614
Perc. 1
Perc. 2
SOLO SOP.
vi - tam per tem - po - ra lon - ga cu - pi - tam.
S.
A.
T.
B.
Vc.
p

617
Perc. 1
f
Perc. 2
f
SOLO SOP.
Ut su - pe - rum ca - stris iun -
whispered
In - dus. La - cer - ta.
S.
whispered
Mo - no - ce - ros.
A.
At the conductor's signal, gradually reduce the speed of the parlando
At the conductor's signal, gradually reduce the speed of the parlando
T.
At the conductor's signal, gradually reduce the speed of the parlando
At the conductor's signal, gradually reduce the speed of the parlando
B.
At the conductor's signal, gradually reduce the speed of the parlando
At the conductor's signal, gradually reduce the speed of the parlando
Vc.

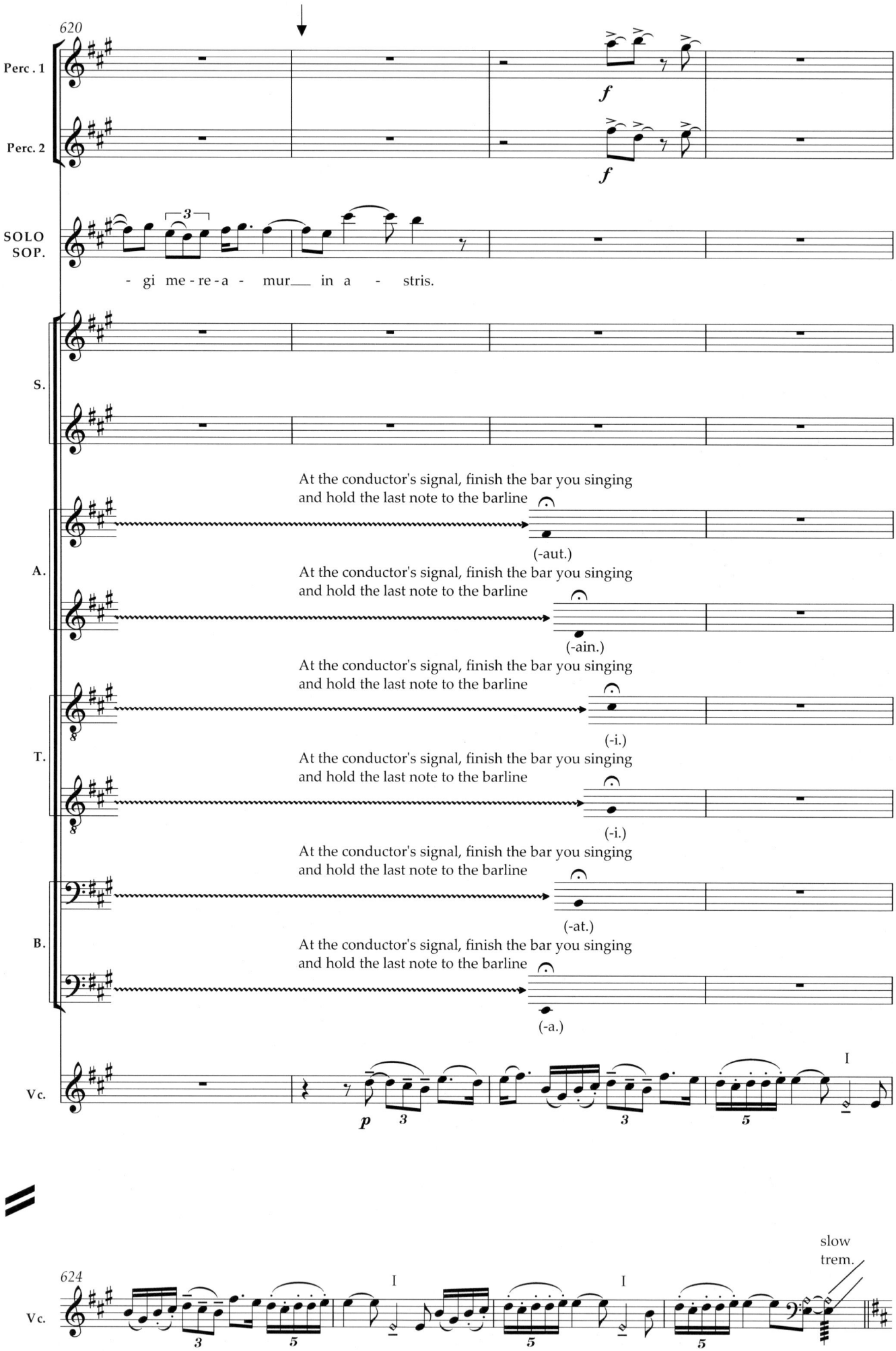
620
Perc. 1
Perc. 2
f
f
SOLO SOP.
- gi me - re - a - mur___ in a - stris.
S.
A.
At the conductor's signal, finish the bar you singing and hold the last note to the barline
(-aut.)
At the conductor's signal, finish the bar you singing and hold the last note to the barline
(-ain.)
T.
At the conductor's signal, finish the bar you singing and hold the last note to the barline
(-i.)
At the conductor's signal, finish the bar you singing and hold the last note to the barline
(-i.)
B.
At the conductor's signal, finish the bar you singing and hold the last note to the barline
(-at.)
At the conductor's signal, finish the bar you singing and hold the last note to the barline
(-a.)
Vc.
p
I
624
Vc.
I
I
slow trem.

7. COMPOSTELA (O QUAM GLORIOSUM)

634
S.
est
f
in quo cum
est re - - - - gnum in quo cum Chri -
A.
est re - - - - - - gnum in quo cum
est
f
in
T.
est re - - - gnum in quo cum Chri - - sto, in
est
f
in quo cum
B.
est re - - - - gnum in quo cum Chri - - sto,
est
f
in
Vc.

640
S.
Chri - - - - - - sto
- - - - sto, in quo, in quo cum Chri -
A.
Chri - - - sto, in quo cum Chri - - - sto, in quo cum
quo cum Chri - - to
T.
quo cum Chri - sto, in quo cum Chri - sto, in quo cum
Chri - - - - - - sto
B.
in quo cum Chri - sto, in quo cum
quo cum Chri - - sto
Vc.

645
f
gau - dent, gau - dent om - nes
S.
- sto gau - - dent, gau - dent
Chri - sto gau - - dent, gau - - - - dent, gau -
A.
f
gau - dent, gau - dent om - nes San - -
Chri sto gau - - - - dent, gau - - - - -
T.
f
gau - dent, gau - - dent om - nes
Chri - sto gau - dent, gau - - - dent, gau - dent
B.
f
gau - dent, gau - dent, gau -
Vc.

650
mp
San - cti.
A - mi - cti
S.
mp
om - - nes San - cti, om - nes San - cti.
mp
-dent om - nes San - - cti, om - nes San - cti. A - mi - cti
A.
- cti, San - cti.
mp
-dent om - nes San - cti, om - nes San - - cti. A - mi - cti
T.
San - - cti.
mp
om - - nes San - cti, om - nes San - cti A - mi - cti
B.
- dent.
Vc.

656
S.
sto-lis, a - mi - cti sto - lis,_ a - mi - cti sto -
mp
A - mi - cti sto - lis al - - - - bis, a - mi - cti
A.
sto - lis al - bis, a - mi - cti sto - lis al - - - - bis, a - mi -
mp
A - mi - cti sto - lis,_ a - mi - cti sto - lis_ al - - bis,_
T.
sto - lis al - bis, a - mi - cti sto - lis al - - - - bis, a -
mp
A - mi - cti sto - lis, a - mi - cti sto - lis, a - mi - cti sto
B.
sto - lis al - bis, a - mi -
mp
A - mi - cti sto - lis, a - mi - cti_____
Vc.

661
S.
- lis al - bis se -
f
sto - lis al - - bis se - quun - tur A -
mf
A.
- cti sto-lis al - bis se - quun - tur A - - gnum, se - quun-
mf
f
T.
-mi - cti sto-lis al - bis se - quun - tur A - - gnum, se -
mf
f
- lis al - bis
B.
- cti sto-lis al - bis ae - quun - tur A - gnum,
mf
sto - lis al - - bis
Vc.

667
S.
- quun - tur A - - - - - - - gnum
- - - - - - - gnum, se - - quun -
A.
- tur A - - - - gnum, se - quun - tur A -
f
se - quun - - tur A - - - gnum
T.
quun - tur A - gnum, se - quun - tur A - - - -
f
se - quun - tur A - - - - -
B.
f
se - quun - tur A - - gnum
f
se - quun - tur A - gnum
Vc.

672
S.
quo - cum - que i - e - rit, quo-cum - que i - -
- tur A - - - gnum quo - cum - que i - -
A.
- - - - - - - gnum quo - cum - que
quo - cum - que i - e - rit, quo-cum - que i -
T.
- - - gnum quo - cum-que i - - e - rit, quo -
- gnum quo - cum - que,
B.
quo - cum-que i - - e - rit, quo - cum - que i -
quo - cum - que, quo -
Vc.

677
S.
- - - - e - rit, quo - cum - que i - -
- e - rit, quo - cum-que i - e - rit, quo-cum-que i - - - - - -
A.
i - e - rit, quo - cum - que i - e - rit, quo - cum-que i - - - e -
- e - rit, quo - cum - que i - -
T.
cum - que i - - - - - e - rit, quo - cum-que i - -
f
quo - cum - que
B.
- e - rit, quo - cum - que i - e - rit, quo - cum - que
cum - que i - - e - rit, quo - cum - que
Vc.

682
ff
S.
- - - - - - - - - - - - e - rit.
- e rit.
A.
- rit, quo - cum-que i - - - - - - e - rit.
- - - - - - - - - - - e - rit.
T.
- e - rit, quo - cum - que i - - - - e - rit.
i - - - - - - - - - - - e - rit.
B.
i - - e - rit, quo - cum - que i - - - - e - rit.
i - - - - - - - - - - - e - rit.
Vc.

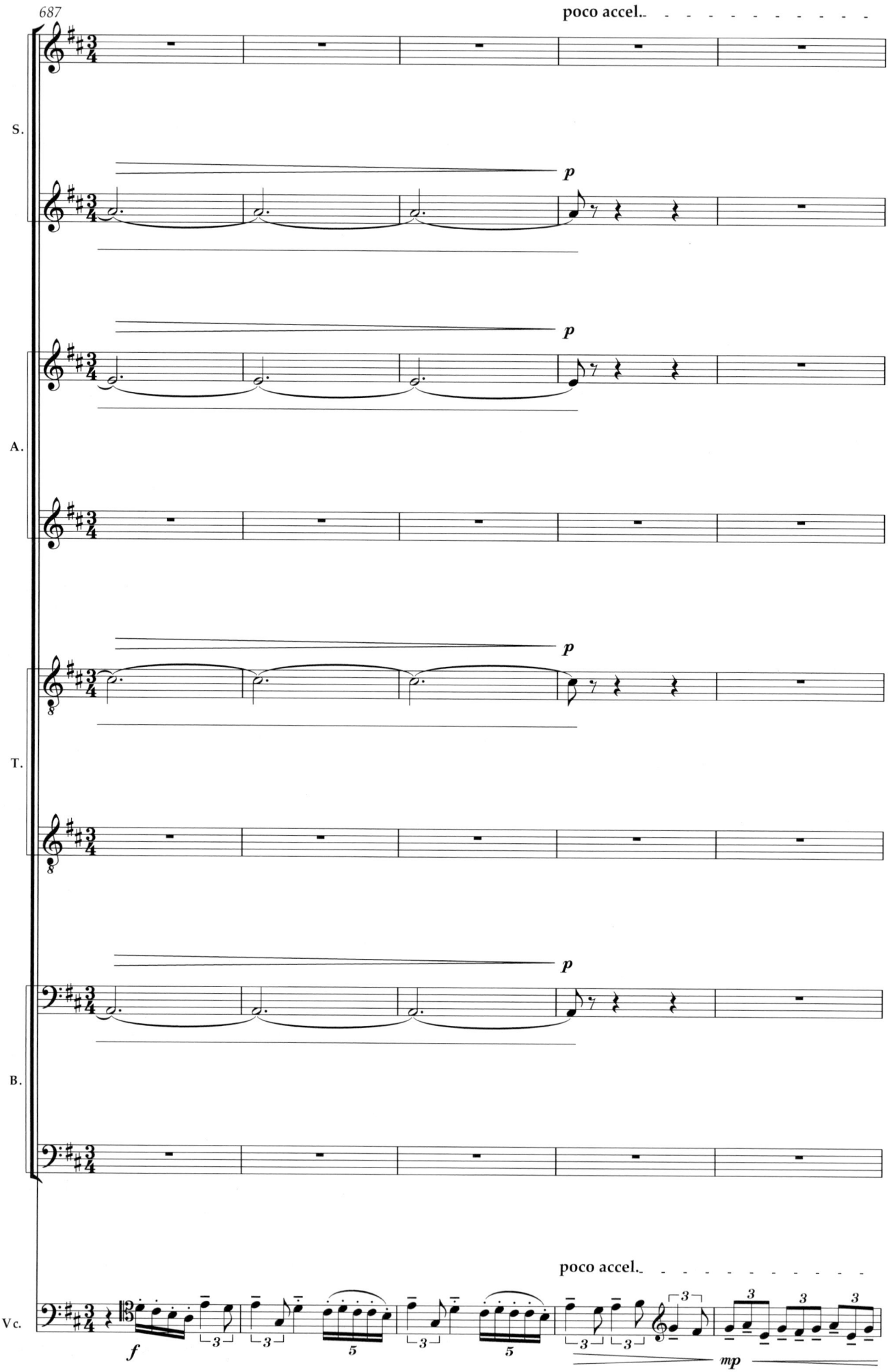
687
poco accel.
S.
p
A.
p
T.
p
B.
p
Vc.
poco accel.
f
mp

692
Handbells
a tempo
Perc. 1
S.
O lux et de-cus Hi - spa - ni-e,
A.
O lux et de-cus Hi - spa - ni-e,
T.
O lux et de-cus Hi - spa - ni-e,
B.
O lux et de-cus Hi - spa - ni-e,
a tempo
Vc.
698
Perc. 1
S.
san - ctis - si - me Ia - co-be; qui in - ter
A.
san - ctis - si - me Ia - co-be; qui in - ter
T.
san - ctis - si - me Ia - co-be; qui in - ter
B.
san - ctis - si - me Ia - co-be; qui in - ter
Vc.

704
S.
a - po - sto - los pri - ma - tum te - nes,
A.
a - po - sto - los pri - ma - tum te - nes,
T.
a - po - sto - los pri - ma - tum te - nes,
B.
a - po - sto - los pri - ma - tum te - nes,
Vc.
mp
3
mf

709
crescendo
S.
pri - mus e - o - rum mar - ti - ri - o lau - re -
A.
pri - mus e - o - rum mar - ti - ri - o lau - re -
T.
pri - mus e - o - rum mar - ti - ri - o lau - re -
B.
pri - mus e - o - rum mar - ti - ri - o lau - re -
Vc.
mp

714
Handbells
Perc. 1
S.
A.
T.
B.
Vc.
-a - tus. O sin - gu - la - rie pre - si - di - um,
-a - tus. O sin - gu - la - rie pre - si - di - um,
-a - tus. O sin - gu - la - rie pre - si - di - um,
-a - tus. O sin - gu - la - rie pre - si - di - um,
720
qui me - ru - i - ste vi - de - re.
qui me - ru - i - ste vi - de - re.
qui me - ru - i - ste vi - de - re.
qui me - ru - i - ste vi - de - re.

725
Crotales
Perc. 1
Glockenspiel
Perc. 2
S.
A.
T.
B.
Vc.
Re - dem - pto - rem no - strum ad - huc mor - ta - lem
730
in de - i - ta - te trans - for - ma - tum; ex -

Handbells
736
l.v. sempre
p
Perc. 1
Perc. 2
S.
-au - di pre-ces ser - vo - rum tu - o - rum, et in - ter -
A.
-au - di pre-ces ser - vo - rum tu - o - rum, et in - ter -
T.
-au - di pre-ces ser - vo - rum tu - o - rum, et in - ter -
B.
-au - di pre-ces ser - vo - rum tu - o - rum, et in - ter -
Vc.
740
Crotales
f
Perc. 1
Perc. 2
S.
-ce - de pro no - stra sa -
A.
-ce - de pro no - stra sa -
T.
-ce - de pro no - stra sa -
B.
-ce - de pro no - stra sa -
Vc.

742
Perc. 1
Perc. 2
S.
A.
T.
B.
Vc.
ff
-lu - te om - - - - ni - -
rall.
744
fff
-um - que po - pu - lo - - - rum.